成為大人，
的滋味
有點酸 有點澀

當代青年小軒——著·繪

U0153025

變成大人，

原來沒有想像中的那麼美好。

成為大人的滋味，

是有點酸、有點澀的。

除了年齡，我沒有一點像個大人。

以前覺得只要長大了，

就會變得成熟且有本事，

可我一點也不像個大人啊！

生活糊糊塗塗，

自己依舊迷茫又焦慮。

你該喘口氣了，
小大人。

目錄

1

我可以從現在開始快樂

等我的皮膚變白淨我就會開心起來了⋯⋯

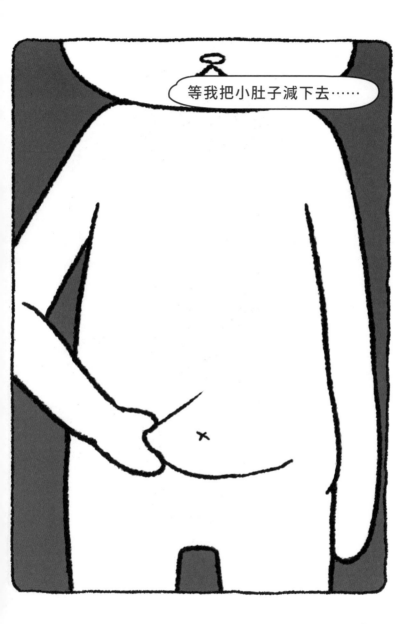

等我不再那麼孤單……

我腳下的位置變得越來越小⋯⋯

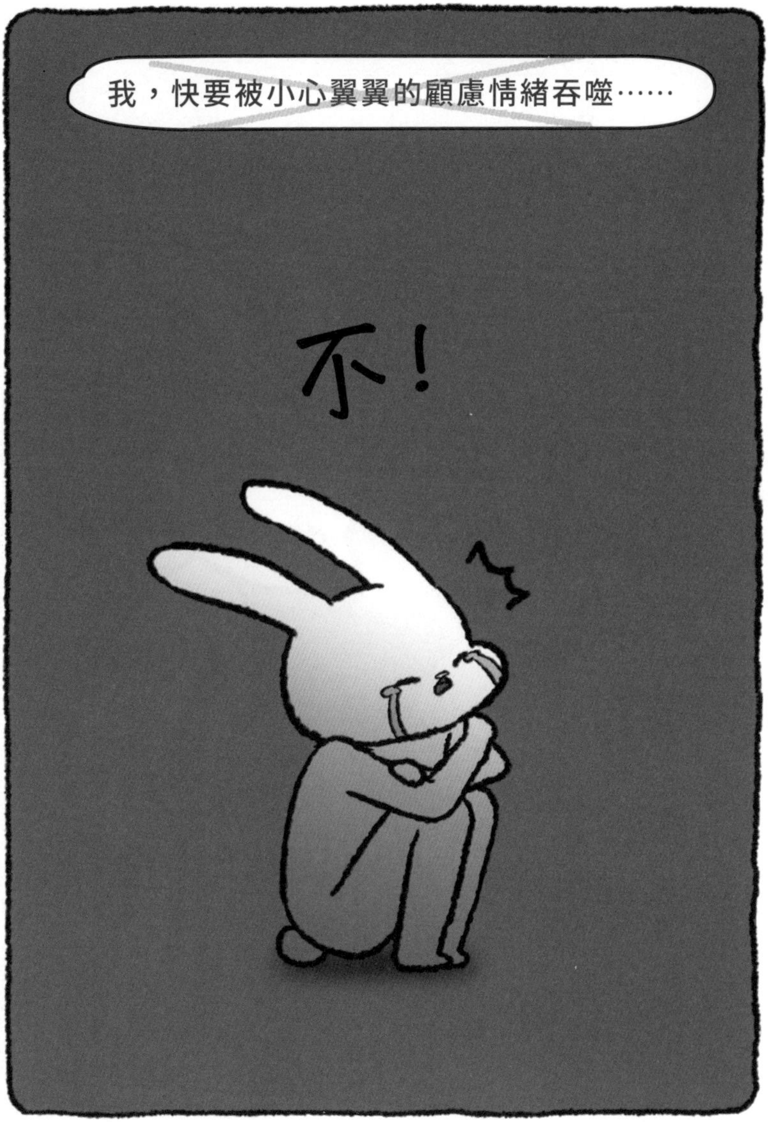
我，快要被小心翼翼的顧慮情緒吞噬……
不！

14

2

想多了全是問題，
做多了全是方法

小時候爸爸帶我去遊樂園玩。

裡面有一個小飛機的遊玩項目，
我每次路過都要看很久……

22

外面五彩繽紛的彩燈映在模糊的艙門玻璃上，我好像來到了另一個世界……

25

可是當我上臺後，我的嗓子緊緊閉合。

憋紅了臉卻發不出任何聲音⋯⋯

就在我準備灰溜溜地逃走時，台下的同學用熱烈的掌聲鼓勵了我。

我終於說了出來，聲音很小還磕磕巴巴的。

謝謝大家!

一說完我就立馬跑了下來。

文娛委員：
大熊 正正 正正
小正 軒一
麗正正丁 麗正

後來我毫不意外地沒有當選。

31

大學的時候，我在打扮精緻的同學旁邊總是灰撲撲的……

與同學一起逛街時，看著店鋪櫥窗裡精美的衣服，我總是投去羨慕的目光。

啊，不、不了……
我不適合的 。

你去試一試吧！這
套衣服很適合你。

快去快去！老闆都給你拿下
來了，再放上去多麻煩！

可是我……

沒有可是，我等
你閃亮登場！

試衣間

你別開玩笑了……

很帥啊！！

換好衣服後我感到很不好意思，總是有一種
小孩偷穿大人衣服的羞恥感。當我做好不被
看好的心理準備，打算脫下來時，卻收到了
朋友的讚賞歡呼。

33

我愣住了，這裡面的人居然是我？笨重的眼鏡被摘下，合身的衣服襯得我好像也有了一點帥氣。

你自己過來看！

剛開始工作時，從校園進入社會，我膽小的毛病又犯了，我擔心出錯，總是反復檢查工作細節。

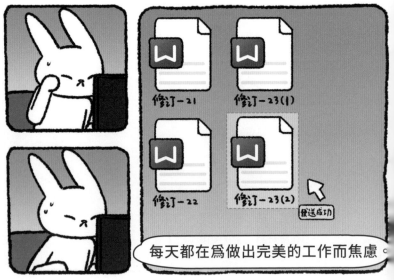

修訂-21

修訂-23(1)

修訂-22

修訂-23(2)

發送成功

每天都在為做出完美的工作而焦慮。

擔心自己未來的生活。

晚上一個人坐在陽臺上發呆。

後來我擔心的事情並沒有發生，我發現自己很快就適應了新的生活。

因為精益求精的工作態度，我得到了同事、領導的認可，工作也越來越得心應手。

第一次做漫畫時，我害怕自己畫的內容無法得到大家的認可。

每次發佈前都要做心理建設。

發布後也很緊張忐忑……

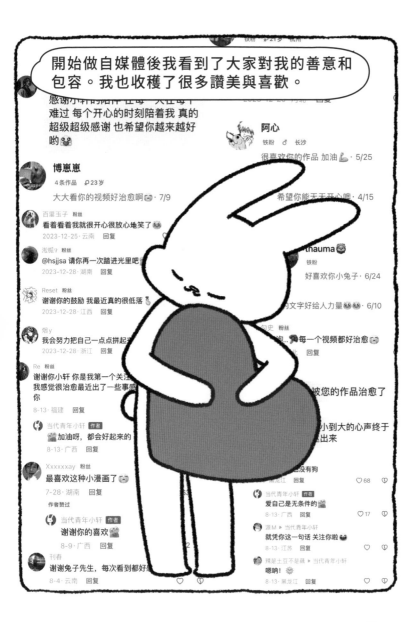

小的時候我很膽小，不敢嘗試未知的事物。

在陌生的環境裡會緊張、害怕。

看到自信、閃光的同學會自卑。

工作了也總在擔心和焦慮……

7:15

但是後來我發現，

幾乎所有的害怕、擔憂和顧慮，

都是源於自己對未知的想像，

只有鼓起勇氣向前走，

才會發現前方的道路有多寬敞明亮。

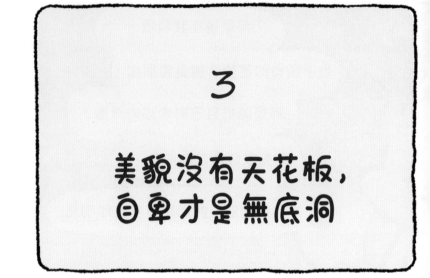

3

美貌沒有天花板，
自卑才是無底洞

47

每當聽到這些聲音，我都會加快腳步，想快些回到座位上。

但是走廊卻變得好長好長……我走得越來越快，我跑了起來，好像只要跑起來，就能甩開那些不好的聲音。

無盡的嘲笑將我淹沒，我無處可躲，只能像
隻刺蝟一樣把自己脆弱的內裡藏起來。

上了高中之後，身邊沒了拿我膚色開玩笑的同學。

大家的注意力都放在了學習上，那些不好的
外號好像隨著升學留在了過去。

我戴上了厚重的眼鏡，學業的壓力使我長胖了很多，臉上也長出了雀斑和痘痘。

我變得更自卑了，就像掉入了自我懷疑的黑洞。

新衣服！！

同學們會不會因為這件衣服注意到我⋯⋯

還是平常的舊外套適合我。

這個鏡框好好看呀！

299

塑膠

小框

99元

大家都不戴這種款式，我也買基礎款吧。

哇,有繪畫比賽!

可是我們班好像沒有畫畫好的人。

......

遇到集體活動時,就算有自己的強項,我也不敢參加......

大家踴躍報名。

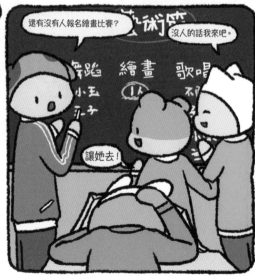
還有沒有人報名繪畫比賽?

沒人的話我來吧。

讓她去!

59

我害怕自己被大家注意到，用盡全力只想把自己「壓縮」得再小一些，把存在感再降低一些。

可是當我看到皮膚白皙的同學時我會自卑。

晚上回家偷偷查看美白產品。

看到穿著個性的同學時我會緊張。

學習區

學習區 人呢?

去書店時會不自覺地翻看時尚雜誌。

看到漂亮的同學時我會羨慕。

原來櫥窗裡的衣服也可以被買來穿在身上。

而我，好像只是一顆又小又黑的蘑菇……

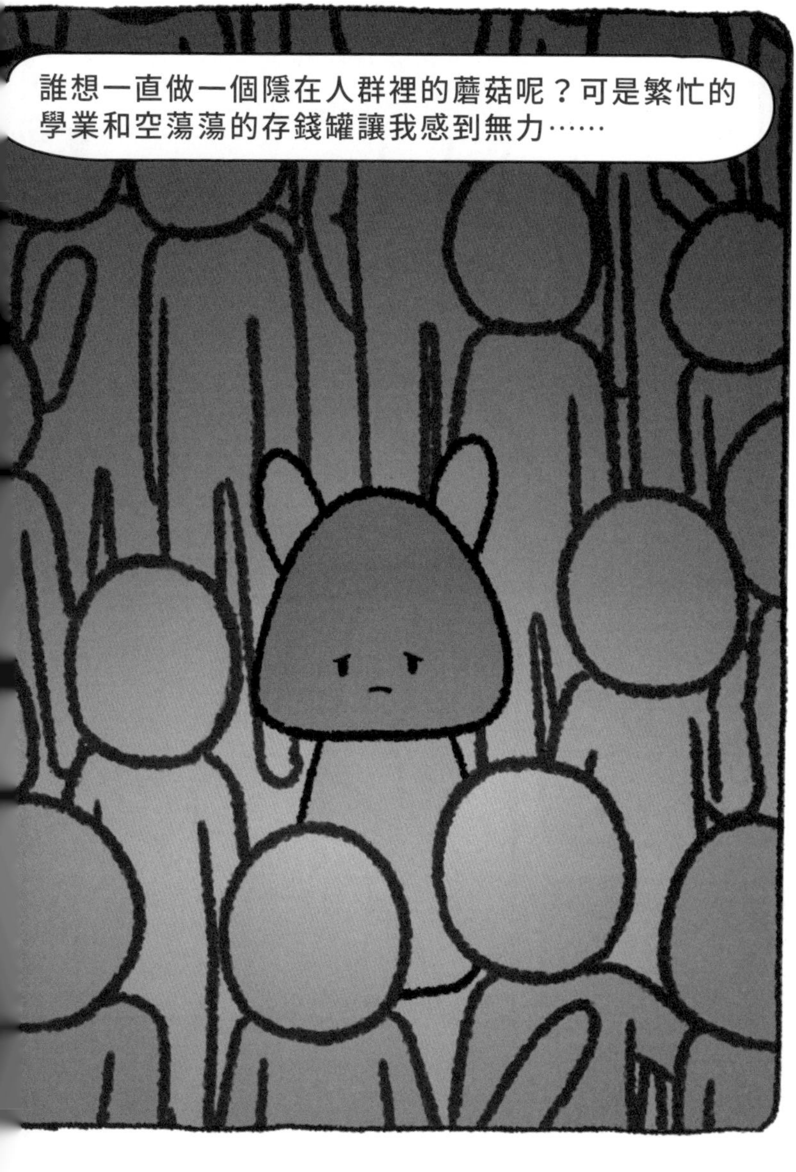
誰想一直做一個隱在人群裡的蘑菇呢？可是繁忙的學業和空蕩蕩的存錢罐讓我感到無力……

我學習穿搭，用個性的服飾包裹我身上的膚色。

我節食減肥，用纖細的體型掩蓋我普通的比例。

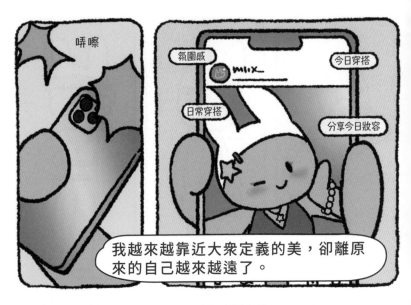

我越來越靠近大眾定義的美，卻離原來的自己越來越遠了。

鏡子裡的我，變得好陌生……

打卡成功
#精緻下午茶 #今日妝容 #今日穿搭
#日常

新圍巾~
#紅色圍巾 #好物分享 #今日穿搭
#冬日氛圍

看著社交平臺照片下的標籤，我感到了厭倦。

減脂餐

今日穿搭

日常

減重日常

今天美美的

妝容分享

真累啊！

我學會了欣賞自己。

臉上的雀斑痘印是我的特色。

深色的皮膚是我的特色。

嗝~

肉肉的身材也是我的特色。

比起美，我想讓自己變得更好！

4.

一個人獨自崩潰，
一個人悄悄自癒

大學畢業後，我順利進入了一家公司實習。

李子，活動海報今天要做好哦。

好。

字型大小大一點，再大一點，再小一點點。

還是換回原來的字型大小吧⋯⋯

我從公司走出來，外面已經亮起了路燈。

有人遛狗，有人散步，有人剛看完電影出來。

我開始過上了三點一線的生活。

擁擠的地鐵。

枯燥的工作。

冰冷的出租屋。

我躺在沙發上思考，這就是我想要的人生嗎？

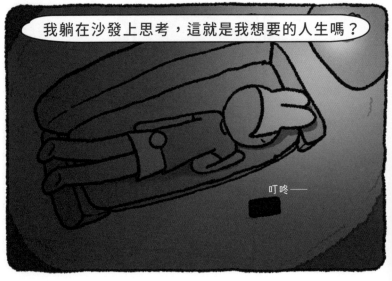

叮咚——

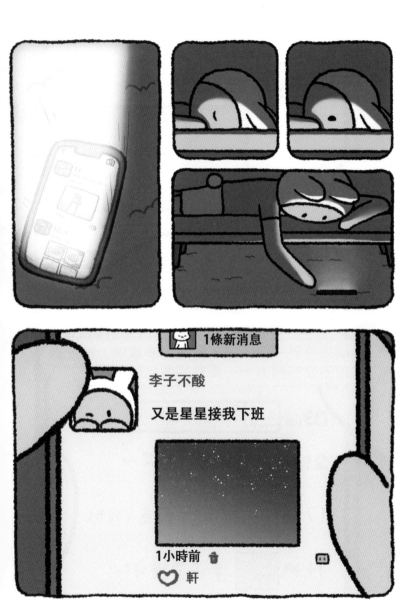

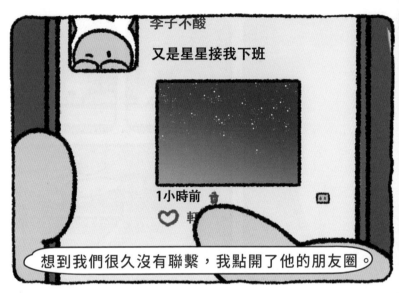

李子不酸

又是星星接我下班

1小時前

想到我們很久沒有聯繫，我點開了他的朋友圈。

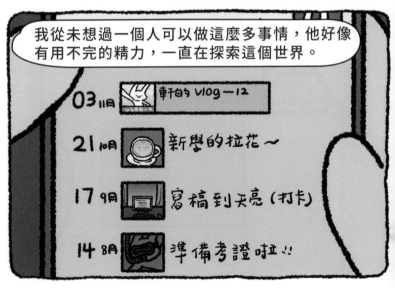

我從未想過一個人可以做這麼多事情，他好像有用不完的精力，一直在探索這個世界。

03 11月　軒的 vlog—12

21 10月　新學的拉花～

17 9月　寫稿到天亮 (打卡)

14 8月　準備考證啦‼

你畢業後去了很多地方呀，不打算找個安穩的工作嗎？

 我不想被安穩的工作束縛，我還在找屬於自己的人生方向。

那你要怎麼找？

 透過Gap year

Gap year?

 Gap year就是間隔年，是年輕人暫時跳出現有的升學、工作軌道，用一年的空閒時間，去做一些自己想做的事情：旅行、做志工、陪伴家人，或者在家裡待著，為迎接未來的生活做充足的準備。

這一刻我感覺自己就像一盒卡住的磁帶，反複播放著大家公認的最安穩、最正確的段落，直到收音機停止運作才能結束。

94

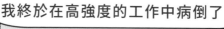
我終於在高強度的工作中病倒了。

強烈的不適讓我知道，我必須停下來喘口氣了。

我辭掉了工作，給自己一段時間去休息。

我想試著給自己鬆鬆綁。

身體好轉後我偶爾會去附近的咖啡廳坐坐，看看路過的行人，品品香濃的咖啡。

小軒，好久不見呀!

嘿，李子!

今天是工作日，你這個工作狂怎麼有閒情來喝咖啡？

我辭職啦。

感覺怎麼樣？

你看那棵樹下的小花……

祝你勇敢又堅強，
樂觀且豁達。

輕舟己

5

你可以直接大膽地
被討厭

胖一點、笨一點又怎麼樣呢？

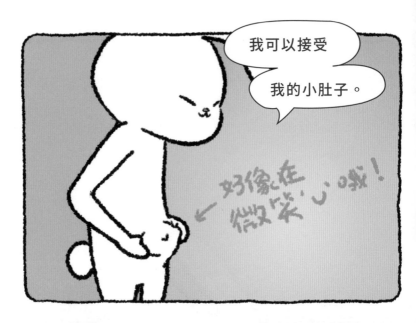

太在意別人的看法怎麼辦？

114

為什麼我總是不被人認可？

117

你是特別的，
你是獨一無二的。

我真的很好嗎？

為什麼我總是過得很緊繃？

125

那些對於未知的執著，

也許也沒有那麼重要。

活在當下

什麼都沒做，卻覺得好累啊……

一旦你停止羨慕別人，

多欣賞自己，

那麼長相平平和出身平平

這回事根本就不存在。

一旦你停止討好別人，

更忠於自己，

那麼根本就不會有斤斤計較

和耿耿於懷這種事。

6

怎麼辦？
我把事情搞砸了

怎麼辦？我把事情搞砸了……

非常努力，但還是失敗了……

141

其實你敢於挑戰的勇氣，就是最大的意義呀。

143

每天都不知道該幹什麼？好迷茫……

147

頭好疼，為什麼有這麼多事情……

149

一整天都不想說話，好抑鬱……

哪怕是做家務，

管它呢，

但是你別坐在原地

等待奇跡出現。

我最近過得糟糕極了……

請你堅信自己會變得更好，遇到的困難都會迎刃而解。

7

甜的還是酸的

爭論對錯有意義嗎？

164

其實，

　沒必要與人爭吵，

　　每個人只能站在自己的

　　　角度上思考問題。

　　　認知不同，

　　　所處的角度也不同，

　　　　所以，

　　　　做好自己就夠了。

為什麼總有人在我背後潑髒水？

167

誑毀我的人也只能永遠在我的背後，仰望著我。

169

8

回頭看，
輕舟已過萬重山

我真的快熬不下去了……

173

還有溫暖的朋友……

太多東西值得你停留！

我一個人挺過了最艱難的時光……

人生的黑夜也沒什麼不好……

頭上的月亮

也會越發明亮。

沒有靠山，如何拯救自己？

我用了各種方法，
救了自己無數次。

當我的世界崩塌時……

9

讓自己開心
才是頭等大事

怎樣才能過好每一天？

什麼才是理想的生活狀態？

一個人又怎麼樣呢？

不開心的時候這樣告訴自己……

你總是那麼明媚，

像太陽一樣發著光。

最後，我想對你說……

獻給所有不快樂的大人！

雖然會辛苦，

但選擇做快樂的大人，

是件

很勇敢的事！！

勇敢的人先享受世界。

成為大人的滋味，有點酸有點澀

作者、繪圖—當代青年小軒

責任編輯—周湘琦

封面設計—點點設計 × 楊雅期

內頁設計—點點設計 × 楊雅期

副總編輯—呂增娣

總　編　輯—周湘琦

董　事　長—趙政岷

出　版　者—時報文化出版企業股份有限公司

　　　　　　108019 台北市和平西路三段二四〇號二樓

　　　　　　發行專線　（02）2306-6842

　　　　　　讀者服務專線　0800-231-705、（02）2304-7103

　　　　　　讀者服務傳真　（02）2304-6858

　　　　　　郵撥　19344724 時報文化出版公司

　　　　　　信箱　10899 台北華江橋郵局第 99 信箱

時報悅讀網— http://www.readingtimes.com.tw

電子郵件信箱— books@readingtimes.com.tw

時報出版風格線臉書— https://www.facebook.com/bookstyle2014

法律顧問—理律法律事務所　陳長文律師、李念祖律師

印　　　刷—華展印刷有限公司

初版一刷— 2024 年 12 月 20 日

定　　　價—新台幣 450 元

成為大人的滋味，有點酸有點澀 / 當代青年
小軒著．繪 . -- 初版 . -- 臺北市：時報文化出
版企業股份有限公司 , 2024.12

　面；　公分

ISBN 978-626-419-068-8(平裝)

1.CST: 自我肯定 2.CST: 漫畫

177.2　　　　　　　　　　　　 113018385

時報文化出版公司成立於一九七五年，並於一九九九年股票上櫃公開發行，
於二〇〇八年脫離中時集團非屬旺中，以「尊重智慧與創意的文化事業」為信念。